Lucien Lévy-Bruhl

Les Idées politiques en Allemagne au XIXe siècle

Gervinus et Dahlmann

ISBN : 978-1721606719

10 9 8 7 6 5 4 3 2 1

Lucien Lévy-Bruhl

Les Idées politiques en Allemagne au XIXe siècle

Gervinus et Dahlmann

Table de Matières

Introduction

L'Allemagne, depuis vingt ans, a subi des changements si profonds, si retentissants, et qui ont eu dans toute l'Europe un contre-coup si terrible, que, par un effet de contraste inévitable, la période de son histoire immédiatement antérieure se trouve rejetée dans une sorte de pénombre. Cette période est terne et ne présente rien de bien saillant. Au lieu de catastrophes imprévues, de coups de théâtre foudroyants, elle n'offre au regard que des luttes obscures et sans éclat. La politique des gouvernements est oppressive, hésitante, tortueuse. L'esprit public passe par des alternatives d'activité et de torpeur, d'espoir et de découragement qui paraissent également stériles. Là pourtant se préparait sourdement la crise qui allait éclater. Pour comprendre les événements de 1866, pour s'expliquer que la domination de la Prusse ait été si facilement acceptée et supportée, il faut avoir vu de près les sentiments et les passions diverses dont l'Allemagne était agitée de 1815 à 1860. Le tableau n'en serait pas facile à tracer. Si on le veut fidèle, qu'on ne le cherche pas dans l'*Histoire d'Allemagne au XIXe siècle*, que M. de Treitschke publie actuellement, et dont trois volumes ont déjà paru. M. de Treitschke est trop bon Prussien pour parler des affaires allemandes en historien impartial. Il s'efforce surtout de présenter les faits de façon que la Prusse apparaisse toujours, à la fin du récit, justifiée ou glorifiée, selon le cas. Mais cette succession d'apologies et de panégyriques met le lecteur en défiance, et M. de Treitschke manque ainsi son but. Interrogeons plutôt la correspondance des frères Grimm, de Dahlmann et de Gervinus, qui vient d'être publiée. Dans ces lettres écrites sans arrière-pensée, et qui n'étaient point destinées à voir le jour, nous trouverons l'expression sincère des idées, des sentiments et des désirs politiques de leurs auteurs. Dahlmann et Gervinus nous serviront de types, le premier représentant plutôt les conservateurs, le second les libéraux allemands. Tous deux ont joué un rôle important dans cette période qui s'étend de 1830 à 1848 ; tous deux ont siégé au parlement de Francfort, dont Gervinus a provoqué la réunion de toutes ses forces. Ils sont au premier rang parmi les hommes de lettres, les savants et les professeurs, qui crurent alors avoir une mission politique. Ils firent de leur mieux pour la remplir. Gervinus, dont les premiers travaux donnaient de grandes espérances, était de vingt ans plus jeune que Dahlmann. Il lui dut d'être appelé de très bonne heure à l'université de Göttingen, où Dahlmann lui-même enseignait avec ses amis les frères Grimm. Bientôt, malgré la diversité des âges et des caractères, une intimité étroite s'établit entre les quatre savants. Elle résista à l'épreuve de la séparation, lorsque plus tard les frères Grimm furent fixés à Berlin, Dahlmann à Bonn et Gervinus à Heidelberg. De leur correspondance et de leurs œuvres nous essaierons de dégager d'abord le but politique qu'ils se proposaient, puis les moyens qu'ils ont employés pour l'atteindre ; enfin, nous examinerons à quel résultat ont abouti leurs efforts. Mais, auparavant, il nous faut rappeler les questions irritantes qui se posaient, ou plutôt s'imposaient alors aux meilleurs esprits de l'Allemagne.

Section I

Après les grandes secousses du commencement du siècle, lorsque la défaite de Napoléon fut certaine, le congrès de Vienne se donna la mission de réorganiser l'Allemagne. La tâche était singulièrement ardue. On put craindre, à plus d'une reprise, que la diplomatie n'en désespérât, et lorsqu'il s'agit, par exemple, de régler le sort de la Saxe et des autres alliés de Napoléon en Allemagne, la guerre parut sur le point d'éclater. Les partisans les plus déterminés du passé ne songeaient pas à restaurer tel quel l'état politique de l'Allemagne avant 1791. Personne ne prétendait rétablir les principautés ecclésiastiques, et les réclamations des princes médiatisés » toutes vives qu'elles étaient, avaient peu de chances d'être entendues. Les intérêts mêmes des vainqueurs s'y opposaient. Il leur était déjà assez difficile de concilier leurs prétentions rivales. Mais il fallait aussi tenir compte des sentiments de la nation, au moins dans toute l'Allemagne du Nord, qui avait couru aux armes en 1813. Bouleversée par tant de guerres, meurtrie et finalement exaspérée par la main puissante, mais rude, de Napoléon, elle sortait de la lutte avec des désirs impérieux et des ambitions qu'elle ne se connaissait pas au XVIIIe siècle. Avant tout, elle voulait être une. Jusqu'en 1806, l'unité avait existé, sous la forme à peu près fictive, il est vrai, du « saint-empire romain germanique. » Mais bien avant la révolution française, cette fiction n'en imposait plus à personne, ni en-Allemagne ni hors d'Allemagne. Elle ne dissimulait plus la division réelle des états allemands, et le sentiment public voulait. qu'elle n'eût pas été étrangère aux défaites et aux humiliations que la nation avait subies. Aussi, à ce moment décisif où l'Allemagne va être reconstituée, les principaux publicistes se tournent vers le congrès réuni à Vienne. Au nom du peuple allemand, ils réclament à grands cris l'unité nationale. Le célèbre *Mercure du Rhin*, que l'on appelait « la cinquième grande puissance, » supplie éloquemment les hommes d'état qui tiennent le sort de l'Allemagne entre leurs mains de lui donner l'empereur qu'elle attend, qu'elle implore. En même temps, l'école romantique, éprise du moyen âge, se complaisait dans l'histoire héroïque des empereurs du XIIe et du XIIIe siècle, et réveillait dans l'imagination populaire des souvenirs mal effacés.

Les diplomates du congrès de Vienne ne devaient point satisfaire ces aspirations. Le rétablissement d'un grand empire allemand était peut-être au-dessus de leurs forces, à coup sûr il n'était pas dans leurs intentions. Sans parler des autres obstacles, la Prusse se refusait absolument à reconnaître la souveraineté effective en Allemagne d'un empereur qui n'eût pas été le roi de Prusse. De son côté, le prince de Metternich ne se souciait pas d'accepter pour son maître une souveraineté purement nominale, qui, pensait-il, eût été une source d'embarras sans compensation. Le mauvais vouloir, bien qu'inspiré par des raisons différentes, était donc égal chez la Prusse et chez l'Autriche. Après des négociations et des intrigues interminables, l'Allemagne dut prendre la forme d'une confédération d'états souverains, assemblage pénible, sans unité réelle, sans cohésion intime et sans prestige à l'extérieur. Pour comble, l'acte fédéral, comme autrefois le traité de Westphalie, était signé et garanti par les grandes puissances. Elles se trouvaient ainsi investies du droit d'intervenir, le cas échéant, dans les affaires intérieures de l'Allemagne. Tout, dans cette constitution, semblait calculé pour froisser un patriotisme naturellement ombrageux. L'Autriche, qui en était le principal auteur, devait regretter plus tard d'avoir fermé l'oreille aux vœux sincères et spontanés d'une grande partie de la nation. Elle s'aliéna ainsi beaucoup d'Allemands, qui auraient désiré Voir la couronne impériale revenir à la maison d'Autriche, et qui eussent préféré son hégémonie à celle de la Prusse : car cette dernière puissance avait une vieille réputation de perfidie et de rapacité brutale, surtout dans l'ouest et dans le sud de l'Allemagne. Elle y était à la fois haïe et redoutée.

La déception fut cruelle, et il était inévitable que le mécontentement se fît jour. L'Autriche et la Prusse rivalisèrent de rigueur pour le réprimer, et elles y parvinrent sans trop de peine. Mais Metternich et ses alliés se donnaient en toute occasion pour les ennemis de la révolution, pour les défenseurs de l'ordre et de la légitimité. Par suite, protester contre leur œuvre devint la marque d'un dangereux esprit. De la sorte, tous ceux qui étaient mal satisfaits de la constitution imposée à l'Allemagne se trouvèrent, souvent malgré eux, rangés parmi les ennemis de l'ordre et les partisans de la révolution. Pourtant les plus libéraux d'entre eux repoussaient les idées révolutionnaires. Beaucoup même étaient foncièrement conservateurs. Hegel, par exemple, qui disait à Victor Cousin : « vous avez de la chance, vous autres Français, vous êtes une nation ! » Hegel n'avait rien du révolutionnaire, ni même du libéral. Il avait approuvé sans réserve le régime de Napoléon, et il écrivait encore, en 1831, que le système prussien de gouvernement était fort en avance sur les institutions politiques de l'Angleterre. Mais la Prusse et l'Autriche entretinrent une équivoque dont elles profitaient. Quiconque désira ou réclama l'unité de l'Allemagne fut suspect de libéralisme.

En fait, le désir d'être une grande nation était devenu, dans la partie cultivée et instruite du peuple allemand, une préoccupation constante : regret poignant pour le passé, espérance passionnée pour l'avenir. L'Allemagne avait appris à s'estimer très haut. Herder d'abord, mais surtout Fichte, dans ses « Discours à la nation allemande, » en célébrant le caractère allemand, la bravoure allemande, en proclamant la mission de l'Allemagne, avaient éveillé et surexcité l'orgueil national. Selon Fichte, l'Allemagne était la nation élue, le peuple par excellence ; à lui il était réservé de réussir où d'autres avaient échoué, de concilier les exigences de la société moderne avec le christianisme, et de réaliser la forme parfaite de l'état. Et voilà qu'après tant de souffrances et de sacrifices, après des victoires si chèrement achetées, la nation retombait à son premier état de division et de morcellement, spoliée, par cet état même, des fruits de son triomphe ! Car si toutes les forces de l'Allemagne eussent été unies pour réclamer, pour exiger au besoin, le prix de ses victoires, nul doute qu'elle ne l'eût obtenu. Mais l'Autriche suivait une politique qui n'était pas exclusivement allemande ; la Bavière, le Wurtemberg, la Saxe, avaient assez à faire de se conserver, ou de s'agrandir, ou d'empêcher au moins leurs voisins de s'arrondir. Qui donc défendait les intérêts proprement allemands ? Personne, depuis que Stein, le grand patriote, se tenait, ou plutôt était tenu à l'écart. M. de Treitschke essaie de justifier la Prusse. Elle fit en effet, jusqu'au dernier moment, des efforts désespérés pour que l'Alsace et la Lorraine fussent enlevées à la France ; mais tout le reste de sa politique permet de penser qu'en cela même elle poursuivait plutôt l'intérêt prussien que l'intérêt allemand.

Quoi qu'il en soit, les traités de Paris laissèrent à l'Allemagne victorieuse un sentiment aussi amer qu'à la France vaincue et rendue à merci. Plus d'un les comparait à ces traités d'Utrecht et de Rastadt, qui, un siècle auparavant, avaient mis fin à la guerre de succession d'Espagne, et dont Leibniz et le prince Eugène disaient que l'Allemagne y avait été la dupe de ses alliés et la victime de sa mauvaise constitution. L'amour-propre national souffrait ainsi de deux blessures qui s'envenimaient l'une l'autre. Si, au sortir de la guerre, l'Allemagne avait vu son territoire s'agrandir d'une ou de plusieurs provinces, ce signe éclatant de ses victoires, la joie de sa puissance reconnue et de son prestige établi devant l'Europe, l'aurait aidée, au moins pour un temps, à accepter une constitution dont elle n'était pas satisfaite. Mais, au contraire, elle n'obtenait du côté du Rhin que des avantages insignifiants. L'Alsace et la Lorraine restaient à la France ; à l'est, la Russie pesait sur la frontière allemande d'un poids bien autrement redoutable qu'en 1793. Ou si l'Allemagne, heureuse de sa constitution nouvelle, avait vu se concentrer sous une direction énergique toutes les forces de la nation, elle se serait consolée plus aisément de l'occasion perdue, en se sentant prête à saisir la première qui s'offrirait désormais. Mais point : au dedans comme au dehors, elle n'apercevait que motifs de dépit et de regret.

Ainsi s'explique le désir ardent de voir enfin l'unité réalisée. Comme ce désir se nourrissait de colère sourde et de ressentiment, on aurait pu prévoir que l'Allemagne une n'oublierait pas les injures de l'Allemagne fédérale. Elle promettait d'être âpre dans sa politique et obstinée dans ses revendications. Elle se croyait, en effet, dupée ou lésée par toutes les grandes puissances. La France, l'ennemie héréditaire, trouvait moyen d'échapper aux justes conséquences de sa défaite. Un changement de régime et les artifices d'une diplomatie habile lui conservaient son territoire d'avant la révolution. Dans une conjoncture si grave, l'Angleterre et la Russie faisaient également preuve d'égoïsme et d'injustice envers l'Allemagne. Elles seules profitaient de la victoire commune ; elles refusaient à l'Allemagne la part qui aurait dû lui revenir. Bien plus, le mécontentement contre ces deux puissances s'aggravait de griefs spéciaux contre chacune d'elles. A la Russie, les Allemands reprochaient, outre l'appui prêté à la France, l'insupportable orgueil que lui avaient donné les événements de 1812, sa prétention à diriger les affaires du continent, son exigence dans la question de Pologne, et, par-dessus tout, son ingérence dans les affaires intérieures de l'Allemagne. Cette animosité contre la Russie éclata dans l'assassinat de Kotzebue. Quant à l'Angleterre, elle abusait sans scrupule, croyait-on, de ses avantages économiques. Elle inondait de ses produits l'Allemagne appauvrie par de longues guerres, s'opposant ainsi aux progrès de l'industrie allemande et à la formation d'une marine nationale. A ces griefs se joignaient des craintes pour l'avenir. Personne n'osait compter sur la longue période de paix qui fut si favorable au développement des ressources de l'Allemagne. Chacun croyait, au contraire, une grande guerre prochaine et inévitable, soit en Orient, soit surtout du côté de la France, que l'on supposait impatiente de venger ses défaites et de reconquérir la rive gauche du Rhin. Faudrait-il donc voir une fois encore de grands événements s'accomplir en Europe, sans que l'Allemagne y prît part comme grande puissance, sans qu'elle y jouât un rôle proportionné à sa force réelle, sans qu'elle tirât de ses efforts un légitime profit ? Jusques à quand la mission du peuple allemand, le premier du monde par la science, et le premier aussi par la force, s'il était un, serait-elle donc ajournée ?

Malheureusement, les patriotes mêmes qui réclamaient avec le plus d'énergie l'unité nationale ne pouvaient indiquer de moyens pratiques pour la réaliser. Cette unité, selon eux, ne devait pas être une fiction, un trompe-l'œil, comme était naguère le saint-empire ; mais, selon les expressions employées plus tard par Pfizer, « une puissance directrice devait avoir le droit de contrainte, pour faire exécuter par toutes les autres la volonté nationale, de façon qu'il ne fût pas au bon plaisir de chacune de conspirer au bien commun, ou, au contraire, de se détacher et même de s'allier à l'étranger. » Il aurait donc fallu que les états souverains allemands, excepté la puissance investie de la direction des affaires communes, voulussent bien renoncer au droit de disposer de leur armée, de régler leurs dépenses et de traiter avec qui il leur plairait ? Il aurait fallu, en un mot, une sorte de nuit du 4 août des puissances allemandes. C'était trop demander. On l'avait bien vu lors de la reconstitution de l'Allemagne en 1815. En vain Stein, Allemand avant d'être Prussien, présentait mémoires sur mémoires pour démontrer qu'il ne devait subsister en Allemagne qu'un seul souverain, l'empereur. Guillaume de Humboldt, dans un contre-mémoire d'une précision remarquable, avait répondu : « L'Allemagne ne saurait être une monarchie, car, ou l'empereur n'exercera pas en fait une souveraineté véritable, et alors il est inutile ; ou il prétendra l'exercer, et alors la Bavière, le Wurtemberg et les autres puissances allemandes ne *voudront pas* se soumettre à lui, et la Prusse ne le *pourra pas*. » Il fallait compter, en effet, avec les puissances de second et de troisième ordre, que Napoléon avait agrandies et fortifiées pour prix de leurs services, et que l'Autriche avait sauvées pour prix de leur défection, malgré la Prusse, malgré Stein, qui les poursuivait de sa haine avec la double clairvoyance d'un grand patriote et d'un baron médiatisé. Là était la plus grosse pierre d'achoppement. La Prusse, tout épuisée, mais aussi tout enivrée des victoires qu'elle venait de remporter, sentait bien que tôt ou tard l'Allemagne aurait à choisir entre elle et l'Autriche ; elle n'avait point à craindre d'être absorbée tout simplement. Mais pour les puissances de second et de troisième ordre, l'unité réelle de l'Allemagne devait être un arrêt de mort. Elles n'y étaient point résignées : elles voulaient vivre.

Au reste, la masse de la nation ne ressentait qu'une aspiration vague vers l'unité. Le désir n'était net et pressant que chez une minorité. Seuls, les esprits éclairés par l'histoire et soucieux de l'avenir voyaient à quel point elle était nécessaire. En beaucoup d'endroits, le peuple restait attaché à ses dynasties particulières, dont la plupart étaient fort anciennes. Presque partout, après la retraite des Français, il avait reçu ses anciens maîtres avec joie, et plus d'un prince avait été surpris de ce loyalisme inattendu, qu'il n'avait rien fait pour mériter. Il semblait que ces dynasties eussent poussé de profondes racines dans le sol allemand. Aussi Pfizer, Dahlmann, Gervinus, et en général tous ceux qui désiraient l'unité nationale, auraient voulu qu'elle s'accomplît sans porter atteinte aux droits historiques, et qu'elle respectât le passé de l'Allemagne. Ils ne voyaient pas la contradiction flagrante entre leurs espérances et leurs scrupules ; ou, s'ils la voyaient, ils ne s'y arrêtaient pas. Par tempérament philosophique, les Allemands, et surtout les Allemands du temps de Hegel, sont trop enclins à admettre que les termes contradictoires finissent toujours par se concilier. Logiquement et réellement, ils s'excluent.

La question de l'unité allemande était donc grosse de mille difficultés qui ne présageaient guère une solution heureuse et prochaine. Comme si cela n'eût pas suffi, elle se compliquait d'une autre encore plus inextricable. La plupart des patriotes réclamaient la liberté avec non moins d'insistance que l'unité. En soi, les deux questions eussent pu rester distinctes. De fait, elles se trouvèrent liées par la force des circonstances. D'une part, l'Autriche et la Prusse, par système, confondaient exprès les partisans de l'unité et ceux de la liberté, afin de sévir indistinctement contre tous et de les rendre tous suspects aux gouvernements confédérés. De l'autre, la même classe de la nation qui éprouvait le désir de l'unité, c'est-à-dire la bourgeoisie éclairée, les écrivains, les professeurs et les étudiants des universités, devait aussi ressentir le besoin de la liberté, ne fût-ce que pour exprimer leurs aspirations politiques. Mais que d'obstacles nouveaux cette seconde question ne soulevait-elle pas ! La question de l'unité rapprochait nécessairement tous les patriotes ; la question de la liberté les divisait. Toutes les nuances d'opinion étaient représentées parmi eux, depuis les conservateurs jusqu'aux radicaux, en passant par les libéraux proprement dits. Eussent-ils été d'accord, quels moyens employer pour parvenir à leurs fins, quelles forces avaient-ils à leur disposition ? L'Allemagne une était un but presque inaccessible ; l'Allemagne une et libre était une chimère.

Comparez la vie politique de l'Allemagne à celle de la France et de l'Angleterre pendant la période qui va du congrès de Vienne à la révolution de février. Vive et brillante dans ces deux pays, où le régime parlementaire donnait ses meilleurs fruits sans trahir encore ses plus graves défauts, elle était en Allemagne terne, pénible, intermittente. Seuls, des états secondaires, tels que Bade, le Wurtemberg, la Bavière, possédaient des institutions parlementaires, souvent entravées dans leur jeu et menacées même dans leur existence par le mauvais vouloir de la Prusse et de l'Autriche. Par essence et par système, l'Autriche en était l'ennemie jurée. Aux yeux de Metternich, tout parlement, si conservateur qu'il fût, tendait nécessairement à contrôler les actes du pouvoir souverain, à empiéter sur lui, par conséquent, et à ébranler le respect de l'autorité. Puis, à vrai dire, la structure même de l'Autriche excluait l'idée d'un parlement. Les Allemands y seraient-ils seuls représentés ? C'était établir entre eux et les autres sujets de la monarchie une distinction offensante et dangereuse : c'était fournir à ces derniers une nouvelle raison de se plaindre et une occasion de se compter. Et si les Hongrois, les Tchèques, les Croates, les Polonais, les Ruthènes, les Italiens y étaient admis, il fallait s'attendre à des conflits incessants et à la dissolution imminente de la monarchie. Metternich avait donc les meilleures raisons du monde pour s'en tenir, dans les états de son maître, au despotisme éclairé dont les peuples avaient paru se contenter avant la révolution. Persuadé que le mal politique est contagieux, il pesait de tout le poids de son autorité en Allemagne, et en particulier à la Diète, pour paralyser chez ses voisins des institutions dont il ne voulait pas chez lui. « L'imagination de Metternich, dit assez plaisamment M. de Treitschke, n'avait que cinq métaphores, bien connues du monde diplomatique : le volcan, la peste, le cancer, le déluge et l'incendie, et toutes s'appliquaient au danger révolutionnaire. »

Mais la Prusse, dira-t-on, qui donc l'empêchait de répondre aux vœux des libéraux et des patriotes allemands ? Pourquoi ne s'emparait-elle pas hardiment du rôle que l'Autriche ne pouvait ni ne voulait jouer ? N'était-ce pas le meilleur moyen de se venger des déboires qu'elle avait subis, au lieu de se traîner à la remorque de l'Autriche et de rivaliser avec elle de rigueurs réactionnaires ? Elle y avait songé peut-être, mais des considérations de diverse nature l'en avaient détournée. Tout d'abord, épuisée par les efforts désespérés des dernières campagnes, elle avait besoin de repos pour se refaire, pour rétablir ses finances et changer son système économique. Puis, comme le dit encore très bien M. de Treitschke, elle digérait. Il lui fallait avant toutes choses assimiler les millions de sujets nouveaux qu'elle venait d'annexer, Saxons et Rhénans, fort peu satisfaits d'avoir été faits Prussiens d'un trait de plume, — sans parler des Polonais. Rien ne vaut, en pareil cas, les procédés énergiques que peut seul employer un pouvoir absolu : il n'a de comptes à rendre à personne. Pourquoi donner une voix à des protestations qui s'enflent, se multiplient et s'exaspèrent lorsqu'elles s'expriment librement, tandis qu'une administration habile et vigoureuse les étouffe dans le silence ? Récemment, la *Deutsche Rundschau*, dans un article fort étudié et évidemment inspiré, à propos des dernières élections en Alsace-Lorraine, regrettait que le droit de nommer des députés au Reichstag ait été concédé aux Alsaciens-Lorrains. S'il y avait eu un Landtag prussien en 1820, quel embarras n'auraient pas causé les députés de Posen, de la Saxe et de la province du Rhin !

En outre, la Prusse n'aurait pu se mettre à la tête des libéraux allemands sans rompre en visière à l'Autriche et à la Russie, et sans sortir, par conséquent, de la sainte-alliance. Elle aurait risqué une grande guerre. Cela n'était ni dans le caractère ni dans les goûts du roi. Les terribles souvenirs de 1807 lui faisaient apprécier tous les avantages de la paix. Pour rien au monde, il n'aurait aventuré une seconde fois l'existence de son royaume. D'ailleurs, ses idées politiques le rapprochaient bien plus de Metternich ou du tsar Nicolas que des libéraux allemands. Au moment des grandes réformes de Stein, il est vrai, il s'était solennellement engagé à donner une constitution à son peuple ; mais il s'était réservé de tenir la promesse à son heure, et il crut faire beaucoup en établissant des états provinciaux, qui ne réussirent point. Il avait subi Stein plus qu'il ne l'avait accepté, et parut toujours lui garder rancune des services qu'il en avait reçus. Il conserva Hardenberg, plus souple que Stein et plus habile à suivre la volonté molle, mais tenace, du roi. Frédéric-Guillaume III ne savait pas toujours ce qu'il voulait, ni même ce qu'il ne voulait pas : néanmoins, des ministres adroits pouvaient se régler sur ses penchons et sur ses antipathies. Or il lui répugnait évidemment de se soumettre au contrôle d'un parlement, et d'abandonner la moindre parcelle du pouvoir absolu que les Hohenzollern avaient toujours exercé dans leurs états.

Ainsi, point de vie politique proprement dite, ni en Autriche ni en Prusse : une administration irresponsable, muette la plupart du temps sur les buts qu'elle poursuit, souvent brutale dans ses procédés, exigeant des sujets l'obéissance passive, habile et bien dirigée en Prusse. De plus, une hostilité peu déguisée à l'égard des institutions parlementaires en vigueur dans l'Allemagne du Sud et de l'esprit libéral qu'elles entretenaient ; par suite, un appui toujours offert d'avance aux princes, en cas de conflit entre eux et leur parlement. La lutte était trop inégale. Le but au tendait la politique réactionnaire de la Prusse et de l'Autriche fut atteint : les libéraux des différents états allemands ne purent s'unir en un grand parti national. La vie politique des états constitutionnels, au lieu de se développer, déclina insensiblement Beaucoup de libéraux, découragés par l'avortement de leurs espérances, renoncèrent à leurs idées politiques et portèrent leur activité d'un autre côté. D'autres, aigris, tournèrent au radicalisme, voulurent donner raison à Metternich, et rêvèrent une révolution alors impossible en Allemagne. De là des excès de parole et de plume, des tentatives de soulèvement aussitôt réprimées qu'annoncées, suivies de persécution, d'exils et d'emprisonnements. Tombant alors dans les illusions naturelles aux minorités exaspérées, ils ne virent plus à la place de l'Allemagne réelle que l'Allemagne de leurs désirs et de leurs haines, et ils finirent par se déchirer entre eux. C'est l'histoire bien connue de plusieurs esprits distingués, c'est l'histoire de la jeune Allemagne presque entière. Ce n'était point le cas des esprits posés, réfléchis, respectueux de la légalité et des puissances, comme l'étaient les professeurs et les savants dont nous nous occupons ici.

Toutefois, sans aller aussi loin que Börne et Heine, plus d'un parmi eux détestait le régime que Metternich imposait à l'Allemagne. La révolution de 1830 avait donné quelques moments d'espoir ; mais « les pompiers de la Sainte-Alliance, » selon le mot de Heine, avaient réussi cette fois encore à étouffer l'incendie allumé en juillet. Le système de compression à outrance avait été rétabli. Il paraissait d'autant plus intolérable qu'on avait pensé y échapper.

Dans ces conditions, la liberté devait paraître à beaucoup d'Allemands au moins aussi désirable que l'unité. Les libéraux de l'Allemagne du Sud, en particulier, qui tiennent à leurs institutions parlementaires, repoussent par avance une unité dont la rançon serait la domination de l'Autriche ou de la Prusse. L'unité nationale leur serait précieuse, mais ils n'entendent point lui sacrifier la liberté. Dans un discours prononcé en 1832, Charles de Rotteck, un des plus brillants orateurs des chambres badoises, exprime nettement cette appréhension : « Je suis, disait-il, pour l'unité de l'Allemagne ; je la souhaite, je la veux, je l'exige ; car, pour les affaires extérieures, l'unité seule fera de l'Allemagne une puissance capable d'imprimer le respect : elle empêchera l'insolence de l'étranger de s'attaquer à nos droits nationaux… J'apprécie aussi les avantages intérieurs qu'apporterait la liberté du commerce entre les différentes parties de l'Allemagne… Mais je ne veux point d'une unité qui nous entraînerait à une guerre contraire à nos intérêts les plus chers et à nos sentiments les plus intimes, ou qui, dans les affaires intérieures, nous obligerait, nous autres habitants des légers pays du Rhin, à nous contenter de la mesure de liberté qui suffit pour la Poméranie Ou pour l'Autriche… Je veux l'unité, mais pas autrement qu'avec la liberté, et j'aime encore mieux la liberté sans unité que l'unité sans liberté. Je ne veux pas d'une unité sous les ailes de l'aigle autrichien ou de l'aigle prussien. »

Ce langage est clair. Il répond exactement aux dispositions générales des classes instruites en Allemagne, à l'époque où Rotteck prononçait ce discours. Il provoquerait sans doute aujourd'hui leur indignation. C'est que, dans l'état actuel de l'Europe, une guerre d'extermination est toujours imminente, et nul ne peut sans crime préférer quoi que ce soit, fût-ce la liberté, à la centralisation énergique qui est l'intérêt suprême de la nation. Mais, il y a un demi-siècle, les circonstances étaient bien différentes. Si vif que fût leur désir de l'unité, les meilleurs patriotes ne voulaient pas, en général, l'acheter à tout prix, ils se1 plaidaient à la concevoir réalisée sans que la liberté eût à en souffrir. Bien mieux, ils se flattaient de les obtenir ensemble, et l'une par l'autre. L'expérience devait dissiper tragiquement ces illusions.

Section II

Si le désintéressement et la pureté des intentions étaient ce qui décide du succès dans les affaires politiques, certes, Gervinus, Dahlmann et leurs amis auraient mérité de voir tous leurs vœux s'accomplir. Leur patriotisme est d'excellent aloi. Il ne s'y mêle aucune arrière-pensée d'ambition personnelle. Ils ne réclament rien, ils ne désirent rien pour eux-mêmes. Loin d'être des politiciens de profession, ce sont plutôt des hommes politiques par occasion. Mauvaise posture pour réussir. Ce trop parfait désintéressement les conduit à traiter les questions politiques comme des questions de science ou d'érudition et comme des problèmes purement théoriques, où des idées seules sont en jeu. Mais le politique doit être avant tout homme d'action. Il doit compter avec les intérêts, les passions, les forces sociales auxquelles il touche, et prévoir, pour y parer, les conséquences réelles des mesures qu'il prend et des discours qu'il tient. Il y faut un tact spécial, que l'expérience forme et développe, et auquel tout l'esprit scientifique ou critique du monde ne saurait suppléer. La méthode de nos savants devait les conduire à des désappointements et à de dures déceptions. Ni les uns ni les autres ne leur furent épargnés. Le vieux Schlosser, qui avait été le maître de Gervinus à Heidelberg, n'augurait rien de bon en voyant son élève s'aventurer dans la politique active. « Vous verrez, écrivait-il, que nos amis Dahlmann, Gervinus et les autres conduiront la patrie à sa perte. » Il ne croyait pas que les professeurs pussent se transformer à leur gré en hommes politiques. Eux-mêmes savaient bien que ce n'était pas leur rôle, et ils l'avouaient au besoin. Mais qui s'en serait chargé, sinon eux ? Qui aurait réclamé et préparé l'unité et la liberté de l'Allemagne ? Il n'y avait rien à attendre ni de la masse passive du peuple, sourde et muette en apparence, ni des gouvernements, dont l'unité était l'épouvantail. Peu importe donc que Dahlmann, Gervinus et leurs amis ne se sentent pas faits pour cette tâche : elle s'impose à eux, et ils ne peuvent s'y dérober sans manquer à un devoir.

Pour réaliser les grands changements qu'ils rêvent en Allemagne, ils ne comptent pas sur la violence. Provoquer une révolution, agiter les masses populaires, les lancer à l'assaut des gouvernements, cette audace ne leur vient pas à l'esprit ; ils en auraient repoussé l'idée comme criminelle. Ils sont avant tout respecteux de l'ordre établi. D'ailleurs, qu'y avait-il de commun entre le peuple et eux ? Hommes d'étude et de bibliothèque, ils ne le voient que de loin. Ils ignorent ses besoins, ses aspirations vagues, et la déformation surprenante que subissent les idées les plus simples en traversant le prisme de l'imagination populaire. A vrai dire aussi, le peuple ne tient pas le premier rang dans leurs préoccupations. De toute façon, ils auraient plutôt craint que désiré de mettre en mouvement ces masses aveugles et redoutables. Quant à la force brutale qui peut, un soir de bataille, la pointe de l'épée sur la gorge du vaincu, trancher en un instant les questions les plus compliquées, loin de compter sur elle, ils n'y songeaient même pas. Ils diffèrent en cela de la génération de professeurs qui les a suivis, des Sybel, des Droysen, des Treitschke, des théoriciens de la politique prussienne. Ils n'ont pas le culte de la force : elle ne leur apparaît pas comme une sorte de droit divin devant lequel il est juste que les autres droits s'effacent et disparaissent. Au contraire, ils voudraient que les droits historiques fussent respectés, et que l'unité, en s'accomplissant, ne détruisît rien de ce qui peut encore vivre. Dahlmann le dit expressément dans un document d'une importance considérable, qu'il rédigea en 1848, à Francfort, au nom de la commission des dix-sept, chargée de préparer le parlement. C'est un préambule de projet de loi constitutionnelle : « Il faut, dit Dahlmann, que cette Allemagne, qui a subi pendant des siècles les conséquences de sa division, arrive maintenant à son unité nationale et politique... Personne au monde n'est assez puissant, quand un peuple de 40 millions d'âmes (où les prenait-il alors ?) a résolu de s'appartenir désormais, pour l'en empêcher. Mais un noble sentiment de respect nous garde, nous autres Allemands, d'imiter ceux qui, sous prétexte de liberté, veulent supprimer toute autorité... Tout nous attache à nos dynasties : l'habitude d'une longue obéissance, qui ne peut se transférer à volonté sur d'autres objets, et aussi ce fait que par elles seules pourra se réaliser l'unité nationale allemande... Aucun vrai patriote allemand ne voudrait rompre tout d'un coup et à la légère avec tout notre passé. » Si Dahlmann était sincère en écrivant cette page, — et rien ne donne à penser qu'il ne le fût pas, — quelle meilleure preuve de sa candeur politique ? Il s'imagine que les événements s'accompliront tout seuls et semble oublier, selon le mot de Napoléon, qu'on ne fait pas d'omelettes sans casser des œufs. Compter sur les dynasties allemandes pour réaliser l'unité nationale, qui devait être leur fin ! Dahlmann ignorait donc que, si plusieurs d'entre elles, après bien des hésitations et malgré leurs répugnances, s'étaient résignées à entrer dans le Zollverein prussien, c'était dans la pensée qu'une union douanière ôterait à leurs sujets tout motif de désirer l'union politique ? Mais si Dahlmann et ses amis repoussaient l'idée d'une politique violente ou révolutionnaire, comment espéraient-ils agir ? — Par les armes familières au professeur et à l'homme de lettres : par la chaire, par le livre, par le journal. Ces moyens d'action peuvent être puissants, en effet, mais à la condition de n'être pas paralysés par des circonstances trop défavorables. Fichte, par exemple, avait pu exercer une influence profonde sur les esprits par ses « Discours à la nation allemande, » prononcés à Berlin pendant l'occupation française. Mais, après 1815, le langage hardi de ces discours n'eût pas été toléré sans doute par l'administration prussienne. La liberté de l'enseignement n'était guère que nominale. Pour mieux dire, liberté était laissée au professeur de soutenir telle doctrine qu'il lui plairait, pourvu qu'elle ne touchât de près ni de loin aux questions religieuses ou politiques. Dans les années qui suivirent la paix, les universités avaient passé, à tort ou à raison, pour entretenir l'agitation libérale contre les gouvernements. La turbulence des étudiants avait paru justifier cette imputation. Aussi, après la fête de la Wartbourg et l'assassinat de Kotzebue, l'Autriche avait-elle provoqué des interdictions rigoureuses contre les associations d'étudiants. La Prusse avait renchéri sur ces mesures réactionnaires. Elle procéda brutalement par l'exil et par la prison. La persécution s'arrêta bientôt : l'opinion publique ne s'expliquait pas un tel déploiement de rigueur contre des gens inoffensifs, ou même contre des patriotes éprouvés, tels que Arndt, Görres et Jahn. Mais il resta, à l'égard des étudiants et de leurs maîtres, une défiance toujours en éveil et prête à s'emparer du moindre prétexte pour sévir. Le gouvernement prussien, en particulier, ne se départit pas d'une surveillance très active sur l'enseignement et sur le caractère des professeurs.

Vingt ans plus tard, en 1837, l'affaire de Göttingen vint montrer que les dispositions de la Prusse n'avaient pas changé. Le roi de

Hanovre, fatigué de la constitution qu'il avait lui-même octroyée à ses sujets, la supprima simplement, en déclarant qu'elle avait cessé d'être en vigueur. Sept professeurs de l'université de Göttingen protestèrent respectueusement contre ce coup d'état. Le roi, fort surpris, et encore plus irrité, les destitua sans autre forme de procès. Il en bannit même plusieurs, et particulièrement Dahlmann, qui passait pour l'auteur de la protestation. Gervinus et l'un des frères Grimm furent également exilés. Ces savants étaient déjà célèbres à divers titres. Ils comptaient qu'un sentiment de réprobation unanime s'élèverait eu Allemagne contra le procédé du roi de Hanovre, et que toutes les universités allaient se disputer l'honneur de les appeler à elles. Ils furent bientôt détrompés. La Prusse et l'Autriche prirent parti pour le roi de Hanovre, et les autres états suivirent, bon gré mal gré, l'exemple de leurs puissants confédérés. Les professeurs exilés ne purent même pas trouver, en Allemagne, un imprimeur pour leur mémoire justificatif ! Il fallut le faire paraître à Bâle. Gervinus, outré, ne parlait de rien moins que de secouer de ses pieds la poussière allemande et d'aller fonder une université à Zurich. « Je sais bien, écrivait-il, que tout y est à créer, mais nous y trouverons au moins la liberté dont on ne peut jouir nulle part en Allemagne. » L'attitude de la Prusse leur causait surtout une douloureuse surprise. Le ministre Eichhorn répétait publiquement que le roi de Hanovre était maître chez lui, et que si des professeurs se risquaient à critiquer ses actes, ils s'exposaient à recevoir leur congé. Le professeur est un fonctionnaire comme les autres. Il doit respecter et faire respecter l'autorité, non la juger. Où prendrait-il le droit d'apporter au souverain ses conseils et surtout ses remontrances ?

Il était difficile, on l'avouera, de transformer la chaire en tribune, et d'y inspirer à la jeunesse l'amour de la liberté et le désir de l'unité nationale. C'eût été s'exposer, dès le premier jour, à la destitution, au bannissement, ou même à quelque chose de pis. D'ailleurs, la propagande par la parole n'était pas le fait de ces savants. Ils n'avaient pas, comme Fichte, le tempérament de l'orateur. Avec tout l'intérêt qu'ils portent aux questions politiques, une fois dans leur chaire, ils ne sont plus que professeurs. Ils oublient, à moins qu'ils n'obéissent à un mot d'ordre de l'autorité elle-même, tout ce qui n'est point leur sujet. Ils n'ont ni le goût ni la science des allusions fines, quoique transparentes et comprises à demi-mot d'un auditoire qui les attend ; ils ne savent pas narguer l'autorité qui les surveille, en côtoyant, sans qu'on puisse les saisir, la limite du terrain défendu. La prestesse leur manque, et, peut-être parce qu'elle leur manque, elle leur paraît incompatible avec la dignité professorale. Tout au plus espèrent-ils qu'à la longue leur enseignement contribuera à l'éducation politique de la jeunesse allemande. Et que de soins pour ne pas compromettre le peu de résultats qu'ils obtiennent ! Ainsi Dahlmann, établi à Bonn depuis quelques années, refuse de quitter cette université pour Heidelberg, qui serait pourtant une résidence plus agréable, et où il retrouverait Gervinus, son ami et son ancien collègue de Göttingen. « C'est qu'à Bonn, dit-il, il commence à jouir d'une certaine influence auprès de la jeunesse prussienne qui suit ses cours. Il ne veut pas laisser perdre, par son départ, le fruit de ses patients efforts. » La chaire était donc un moyen d'action efficace à la longue, mais qu'il était lent et nécessairement timide ! Par le livre, on pouvait davantage. Déjà Stein y songeait, lorsque, en 1809, il méditait dans sa retraite sur les moyens propres à réveiller le sentiment national en Allemagne. « L'Allemagne, écrivait-il, est une nation liseuse de livres. » C'était aussi l'instrument le plus familier à des savants et celui qu'ils devaient le mieux manier. Aujourd'hui encore, les écrivains dévoués à la Prusse et au nouvel empire agissent plus efficacement peut-être par le livre que par tout autre moyen. Gervinus, Dahlmann et leurs amis surent en tirer parti. Mais le livre, surtout le livre d'histoire aux allures scientifiques, ne s'adresse directement qu'à un public restreint. Une faible minorité peut seule le comprendre, s'y intéresser et disposer du loisir nécessaire pour une lecture de longue haleine. Le gros de la nation n'a pas le temps ni souvent le goût de lire des livres. Les idées qui veulent faire leur chemin jusqu'à lui doivent se présenter sous une forme plus simple, plus accessible à des esprits incultes, plus courte surtout. Dans le livre et même dans la revue, les discussions sont trop subtiles et trop étendues, les conclusions trop éloignées des principes. Si profonde que soit l'impression laissée par une lecture, d'autres la recouvrent, et elle s'efface insensiblement. Le journal remédie à ces inconvénients. Frappant toujours au même endroit, il enfonce son clou quotidien dans les cervelles les plus épaisses. Gervinus le comprenait, et, à plusieurs reprises, il a essayé du journal. Mais, ici encore, il se heurtait à des obstacles presque insurmontables.

Dans la plus grande partie de l'Allemagne, la liberté de la presse n'existait absolument pas. Nulle part elle n'était entière : partout une surveillance plus ou moins soupçonneuse. La diète, où l'Autriche était maîtresse, pesait sur les princes qui auraient volontiers laissé une certaine liberté aux journaux politiques. Au reste, ce n'était pas dans les états constitutionnels, c'était dans les provinces prussiennes, dans les états directement soumis à l'influence de l'Autriche, qu'on aurait désiré agir, et c'était là justement que la presse libérale n'avait point d'accès. « Il faudrait, écrit Dahlmann dans une lettre à Gervinus, planter sur le sol prussien ce que l'on veut voir prospérer sur le sol prussien. » Mais, pour planter, le consentement du propriétaire eût été indispensable, et ce consentement était refusé d'avance. D'autre part, il ne suffit pas d'être un professeur éminent, ou même un écrivain remarquable, pour faire un bon journaliste politique. Les qualités requises dans les deux cas sont fort différentes, et se rencontrent rarement réunies au même degré. Gervinus et ses amis étaient certainement plutôt professeurs que journalistes. Parcourez la célèbre *Gazette allemande*, fondée par Gervinus à Heidelberg en 1847, et qui jouit aussitôt d'une grande autorité : elle garde une allure professorale. Elle s'adresse à un public restreint d'auditeurs plutôt qu'à un public étendu de lecteurs. Elle est plus réfléchie que vive : elle déduit longuement ses raisons, et se préoccupe de prouver tout ce qu'elle avance. En un mot, la forme seule est changée. Ce sont des livres ou des leçons, mais découpés en tranches, qui sont parfois assez épaisses. Gervinus aurait allégué, sans doute, qu'en s'y prenant autrement il aurait vu son journal interdit dans une grande partie de l'Allemagne et bientôt supprimé. Raison spécieuse, mais mauvaise au fond. S'il s'était senti la vocation irrésistible du journaliste, le talent énergique et familier qui sait aller à la foule, s'en faire comprendre et s'en faire aimer, la crainte des conséquences ne l'eût sans doute pas arrêté.

Gervinus veut avoir un journal cependant. Les frères Grimm s'en gardent bien. Ils se connaissent assez pour savoir que la presse politique n'est pas leur fait. Jacob et Wilhelm Grimm — ne les séparons pas, puisqu'ils ont toujours voulu vivre, penser et travailler ensemble, — réalisent à souhait le type devenu légendaire du savant allemand d'autrefois. On n'imagine pas une existence plus calme, plus unie, mieux remplie par des travaux vraiment immenses. On est touché de tant de simplicité et d'innocence soit dit sans ironie, unies à une intelligence vaste et bien ordonnée. Chacun d'eux a écrit sa propre biographie, vers 1830. Ce sont deux petits morceaux d'une bonhomie charmante. « L'amour de notre patrie, dit Wilhelm (entendez par là non l'Allemagne, mais la Hesse, où les deux frères étaient nés, près de Cassel), s'était profondément imprimé en nous, je ne sais comment, car on ne nous en parlait jamais. Nous tenions notre prince pour le meilleur qu'il y eût au monde, notre pays pour un pays béni entre tous… Nous regardions les gens de Darmstadt avec une sorte de dédain. » Ne croit-on pas entendre Candide parlant de la Westphalie et du château de Thunder-ten-Tronck ? Ces impressions d'enfance demeurèrent vivaces. Les Grimm sont Hessois dans l'âme : Cassel est le centre de leurs affections. Lorsqu'en 1829, sur le conseil unanime de leurs amis, ils durent quitter Cassel pour aller à Göttingen occuper les postes fort honorables qui leur étaient offerts, le départ fut un déchirement. La résolution n'avait été prise qu'après de longs combats et avec beaucoup de larmes. Il leur semblait s'arracher de leur foyer pour aller en exil. Nouvelles angoisses quelques années plus tard, quand l'affaire de la protestation les força de quitter Göttingen. Enfin, le roi de Prusse les appelle tous deux à Berlin avec les instances les plus flatteuses. L'idée d'habiter la plus grande ville de l'Allemagne du Nord ne les ravit pas du tout ; elle les effraie plutôt. Il leur faudra longtemps pour s'y sentir chez eux, et, au fond du cœur, ils regretteront toujours la Hesse. A peine installé, Wilhelm raconte ses ennuis à Gervinus et à Dahlmann. Quel tintamarre de voitures par toute la ville ! Quelles rues insupportables, si longues et si droites ! A les voir seulement, on est fatigué d'avance. Et puis que de temps perdu ! Il faut bien une heure pour aller à l'université et autant pour en revenir. Quelle différence en comparaison de Göttingen, qui était si commode ! Au moins Grimm s'est-il logé près du Thiergarten, pour être tranquille, et surtout, dit-il, pour avoir un peu de verdure sous les yeux.

Mais ces savants si modestes et si casaniers ont l'esprit large et jugent de haut. Par là ils sont supérieurs à Gervinus et même à Dahlmann, qu'ils n'essaient pas de suivre sur un terrain trop glissant. Ils voient les fautes de leurs amis, et ne leur cachent pas leurs doutes et leurs scrupules, quoique, dans leur ingénuité, ils ne les en admirent pas moins. Quant à eux, la politique ne les distrait pas de la tâche qu'ils se sont imposée. Ils savent qu'en l'accomplissant ils sont, eux aussi, des serviteurs dévoués et utiles de la nation allemande. « Avant d'énumérer mes ouvrages, dit Jacob Grimm, je ferai remarquer que presque tous mes travaux se rapportent, soit directement, soit indirectement, à l'étude de notre ancienne langue, de notre ancienne poésie et de notre ancien droit. Il se peut que ces études aient paru et paraissent encore stériles à plus d'un ; pour moi, je les ai toujours considérées comme une tâche digne et sérieuse, qui a pour objet bien défini notre patrie commune et qui en entretient l'amour. » Reconstituer, en effet, le trésor de ses antiquités littéraires et juridiques enfoui dans les ténèbres d'un moyen âge ignoré, c'était faire à l'Allemagne un magnifique présent. Herder avait parlé de ces richesses comme par divination. Il avait indiqué la voie à suivre, mais sans y entrer. L'école romantique, à son tour, s'était éprise de cette période mystérieuse, qui fournissait une ample matière aux imaginations poétiques. Les frères Grimm entreprirent l'étude approfondie du moyen âge, et surtout du moyen âge allemand ; ils procédèrent avec une méthode rigoureusement scientifique, et la plupart des résultats qu'ils obtinrent étaient acquis à jamais. C'était mériter de l'Allemagne aussi bien et mieux peut-être que leurs collègues, plus mêlés aux affaires du jour. Leurs travaux ne les empêchaient pas, d'ailleurs, de porter le plus vif intérêt aux questions politiques et de suivre avec anxiété le cours des événements dès qu'une crise semble prochaine. Ils ont peu de sympathie pour la France. Ils souhaitent par-dessus tout que l'Allemagne redevienne une grande et puissante nation ; mais l'idée ne leur vient pas de travailler eux-mêmes à cette transformation tant désirée.

Tout autres sont les dispositions de Gervinus et de Dahlmann. Au besoin, ils mettront la main aux affaires publiques. Tous deux ont été députés au parlement de Francfort, et Dahlmann y a occupé une place importante. Leurs travaux mêmes trahissent presque toujours leurs préoccupations politiques. Avec eux commence la propagande par l'histoire, qui est devenue un art fort cultivé en Allemagne. Gervinus et Dahlmann croyaient servir par elle la cause de l'unité nationale. Elle a été reprise depuis pour le compte de la Prusse. L'*Histoire d'Allemagne au XIXe siècle*, de M. de Treitschke, est un des modèles du genre. Cette propagande, assez mal dissimulée en dépit de son appareil scientifique, paraît convenir au tempérament intellectuel de la nation. Pour s'emparer des esprits en France, le plus sûr moyen est peut-être de leur présenter des principes simples, et de les conduire, par une déduction logique, à des conclusions qui semblent s'imposer nécessairement. L'Allemand s'en défierait ; mais il se laissera prendre à des considérations historiques qui paraîtront fondées sur les faits. Il ne soupçonne pas d'abord l'artifice qui, par une transposition habile, fait témoigner l'histoire en faveur d'un intérêt présent.

Que Gervinus étudie Machiavel ou Shakespeare, qu'il construise l'histoire de la littérature allemande, qu'il raconte l'histoire du XIXe siècle, toujours l'œuvre s'inspire de quelque arrière-pensée politique. Gervinus ne s'en défend pas : il le dit même bien haut. L'histoire n'est pas pour lui : une fin, mais un moyen. Il lui demande des arguments pour sa cause : au, besoin, il la met tout entière en argument. Dans l'ardeur de sa passion politique, il ne comprend pas qu'il rabaisse étrangement la dignité de la science : il manque au désintéressement qui est le premier devoir du savant et l'honneur de l'historien. Aussi, la plupart de ses ouvrages, tout d'actualité, tombant, après un moment de vogue, dans un oubli mérité. L'un d'eux, cependant, a exercé sur le public allemand une influence durable : c'est l'histoire de la poésie allemande, dont le premier volume parut en 1834. Quatre autres suivirent, à des intervalles peu éloignés. Le tout forma une sorte de pamphlet énergique qui arrivait à sou heure, et qui agita les esprits d'un bout à l'autre de l'Allemagne. — Un pamphlet en cinq gros volumes 1 — Assurément. Paul-Louis Courier, qui s'y connaissait, a dit fort, justement que les dimensions ne sont pas de l'essence du pamphlet. Cinq volumes n'étaient pas pour enrayer les lecteurs allemands de ce temps-là, accoutumés aux ouvrages de Hegel et de ses élèves…

Gervinus explique lui-même, dans sa préface, « qu'il a choisi ce sujet de travail, parce qu'il le jugeait le mieux accommodé aux besoins du temps présent, et qu'il aurait aussi bien entrepris l'histoire religieuse ou politique d'Allemagne, s'il en eût jugé le besoin plus pressant. » L'ouvrage ressemble à un immense argument, entraînant à une conclusion unique une masse énorme de faits : qu'y a-t-il de plus docile et de plus maniable que les faits, après les chiffres ? Voici donc ce que proclame toute l'histoire de la littérature allemande : « Allemands ! le temps de la littérature est passé, le moment de l'action est venu. Votre mission littéraire est accomplie ; votre rôle politique n'est pas moins beau, et il est encore à jouer. Depuis qu'elle a atteint son apogée, notre belle littérature reste immobile… Si la vie de l'Allemagne ne doit pas s'arrêter dans son développement, il faut que les talents aujourd'hui sans emploi se portent vers le monde réel, c'est-à-dire vers les questions politiques. C'est là qu'il faut infuser un esprit nouveau dans une matière nouvelle. Moi-même, dans la mesure de mes faibles forces, je suis cette indication des temps. » La lutte de l'art est terminée, et, selon Gervinus, les Allemands y ont triomphé : leur littérature domine par toute l'Europe. A d'autres combats maintenant, à la solution des grands problèmes politiques ! « Ou bien serait-il possible, s'écrie Gervinus, que cette nation ait produit ce qu'il y a de plus beau dans l'art, dans la religion, dans la science, et qu'elle ne pût rien produire du tout quand il s'agit de l'état ? »

Ainsi l'histoire de la littérature allemande est un prétexte. L'objet véritable de Gervinus était d'éveiller chez ses compatriotes le goût de l'action et le sens politique, de chatouiller et de piquer à la fois leur amour-propre pat la comparaison avec les nations voisines. C'était toucher un point sensible. L'Allemagne entière tressaillit à cet appel passionné. « L'Allemagne, a dit ici même M. Julian Klaczko, a puisé dans Gervinus les sentiments qui l'animent aujourd'hui ; une idée fixe de la grandeur et de l'unité futures de l'Allemagne, un patriotisme ardent et farouche, la résolution presque fiévreuse de devenir pratique à tout prix, même au prix de la justice, une haine déraisonnable de l'étranger, de la France surtout, et une foi aveugle dans ses propres forces et destinées. » M. Klaczko n'entend pas dire, sans doute, que ces sentiments n'existaient point avant le livre de Gervinus, mais ils sommeillaient à l'état de tendances secrètes et de désirs inavoués. Gervinus, en les exprimant avec passion, en décupla l'intensité et le rayonnement.

Lui-même est peu fait pour l'action. Il se connaît mal et flotte continuellement entre ses habitudes de savant et son désir de devenir un homme politique. « Je ne lève plus les yeux, écrit-il à Dahlmann en 1840, jusqu'à ce que j'aie terminé mon cinquième volume. Alors je secoue de mes pieds la poussière des livres, et je me jette à corps perdu dans la politique. Je sais que vous ne l'approuverez pas. Mais si ceux qui sont indépendants ne le font pas, qui donc devra le faire ? » En 1847, il fonde, à Heidelberg, un journal, la *Gazette allemande*, qui est très lue et très écoutée. Enfin, en 1848, il touche au but de ses efforts. Selon son désir, un parlement national allemand s'assemble à Francfort. Les gouvernements, contre toute attente, y donnent les mains. La révolution de février les a surpris, et le contrecoup qu'elle a eu par toute l'Europe les intimide. L'Allemagne va donc se donner librement la liberté, unanimement l'unité. Mais bientôt, dans le parlement même, les difficultés surgissent et se multiplient. Gervinus, les jugeant inextricables, se dérobe. Il fuit les querelles de parti ; il quitte son siège et son journal, et va prendre en Italie un repos dont il a grand besoin. Cette déception l'a dégoûté de la vie publique. « Il me devient plus facile, écrit-il à Jacob Grimm, de me remettre à mes études, car la politique allemande commence à me paraître désespérée et à me répugner. » Il entreprend alors l'histoire du XIXe siècle. Il n'a pas le courage de préparer une nouvelle édition de son histoire de la poésie allemande. « Ce serait un travail d'enfer et de peu de profit. » Ainsi cet ouvrage, que l'Allemagne entière dévorait en 1840, l'auteur lui-même s'en détourne avec humeur dix ans après. C'est que, dans l'intervalle, les événements de 1848 étaient survenus. Après le parlement de Francfort, les exhortations patriotiques de Gervinus, ses appels chaleureux à la vie politique devenaient une douloureuse ironie. L'épreuve avait été faite : qu'en était-il résulté ? Un échec lamentable, une humiliation nouvelle et un nouveau triomphe pour la politique de réaction en Allemagne. Au reste, cette dure leçon n'a pas rendu Gervinus plus clairvoyant. Tandis qu'il recherche « les lois de l'histoire, » le sens des faits contemporains lui échappe. Ses lettres contiennent des prophéties politiques bien étonnantes. Il fait songer, par instants, à la jolie fable de l'*Astrologue qui s'est laissé tomber dans un puits*. Le parfait dédain du prince de Bismarck pour les théoriciens de la politique et de l'histoire n'a pas besoin d'être expliqué ; mais, s'il y fallait une raison particulière, nous la trouverions ici. Il les a vus de près de

1848 à 1860, et il a pu juger de leur sagacité.

Pourtant, à défaut de gratitude, le chancelier de l'empire leur devrait bien un peu d'indulgence. Ils ont été pour lui des auxiliaires précieux. Ils lui ont préparé les voies. Qui devait profiter, sinon la Prusse, des sentiments que Gervinus s'efforce d'inspirer à la jeunesse allemande ? Il la met en garde contre l'attraction que la France libérale exerçait sur beaucoup d'Allemands du Sud. Tout ce qui est Français lui est suspect. Selon lui, la « jeune Allemagne » fait injure à la patrie en se laissant aller à sa sympathie pour la France. Voyez Börne et Heine : ils sont au fond aussi bons Allemands que Gervinus. Mais leur opposition persifleuse, leur haine de la Prusse et des institutions fédérales, et leur goût pour l'esprit français, leur donnent un air de trahison qui est presque aussi coupable qu'une trahison réelle. Chaque raillerie qui atteint la lourdeur allemande ou la brutalité prussienne est un hommage indirect à la France et une piqûre pour l'amour-propre germanique. Or, Gervinus veut avant tout que l'Allemagne croie en elle-même, et qu'elle prenne conscience de sa force et de sa grandeur. Au lieu de la déconcerter par des sarcasmes, il faut lui persuader qu'elle est prête pour l'action, qu'elle est une nation positive et pratique, et qu'elle va reprendre dans le monde le rang qui est le sien.

Entretenir l'aversion des Allemands pour la France en excitant chez eux le désir de satisfactions politiques, c'était travailler pour la Prusse. Gervinus le sentait bien, mais il s'imaginait toujours que la Prusse allait abandonner sa politique réactionnaire pour accomplir l'unité nationale avec l'aide de tous les libéraux allemands : on croit aisément ce qu'on espère. Lorsqu'il s'aperçut, bien tard, que la Prusse se souciait fort peu de suivre la voie qu'il lui indiquait, il supporta mal sa déconvenue, et se plaignit très haut. Mais son heure était passée. ; on ne l'écouta plus. Il n'était pas jusqu'à son axiome favori ; « En politique, le succès justifie tout, » qui ne fût favorable à la cause prussienne. Si l'Autriche avait eu Je dessus, l'axiome, il est vrai, n'eût pas moins prouvé en sa faveur. Cependant, il servait mieux d'avance les ambitions de la Prusse, en relâchant les liens qui attachaient à son passé une Allemagne respectueuse de l'histoire. Il dépouillait les droits héréditaires du caractère inviolable qu'ils avaient gardé aux yeux des peuples ; il préparait enfin une prompte et entière soumission de tous au vainqueur de demain.

Nous avons peine à comprendre, de ce côté du Rhin, qu'un homme dont les idées n'étaient pas claires ait pu exercer une influence profonde. Pour agir sur nous, un esprit doit être net et précis. Si nous devons le suivre, il faut que lui-même sache exactement où il va, et par où. Mais les lecteurs de Gervinus ne ressentaient point ce besoin de clarté. Il leur suffisait de se sentir en communauté de sentiments avec lui. Voir l'Allemagne puissante, riche, respectée, une enfin, était leur ambition secrète. Gervinus donne un corps à ce rêve ; il fait plus, il le justifie par l'histoire, il montre que le succès est proche et certain. Mais comment s'accomplira cette grande œuvre ? Comment mener à bien une transformation de l'Allemagne ; sans donner l'alarme à l'Europe, que l'on sait jalouse et malveillante, et qui est garante de l'acte fédéral ? Que sera cet état qui comprendra à la fois la Prusse et l'Autriche, ou faudra-t-il exclure l'une des deux ? Que deviendront enfin Bade, la Bavière, le Hanovre, le Wurtemberg, la Saxe et tout ce qui reste de dynasties indépendantes en Allemagne ? Gervinus n'en dit rien. Il compte apparemment sur l'heureuse étoile de l'Allemagne et sur la bonne volonté des princes. Ses lecteurs semblent y compter comme lui. Aveuglement politique surprenant, mais aussi volontaire peut-être qu'aveugle, et fait à la fois d'inexpérience et de passion. Les obstacles étaient trop nombreux et trop redoutables. Les patriotes aimaient mieux se les dissimuler, ou du moins n'en pas parler, que de se décourager eux-mêmes en les regardant et en les montrant à tous les yeux. Ils s'en tenaient à leur devise : « Unité, liberté ; l'unité par la liberté. » Le but était beau, mais la conception vague.

Section III

Dahlmann sait mieux ce qu'il veut que Gervinus. Il a plus d'esprit de suite. Il n'est pas aussi mobile, aussi prompt à l'espérance, aussi accessible au découragement. Il n'apporte pas dans la politique la nervosité de l'homme de lettres, prêt à se jeter, sous la première impression d'un échec, dans un excès qu'il désapprouve au fond. Gervinus tient davantage de la nature un peu légère de l'Allemand du Sud ; Dahlmann est un véritable Allemand du Nord, plus patient, plus tenace en ses desseins. Gervinus est un libéral qui finit par pencher beaucoup vers les démocrates. Dahlmann est et demeure jusqu'au bout un conservateur. En 1837, il est vrai, lorsque le roi de Hanovre voulut se débarrasser de sa constitution, Dahlmann signa le premier la protestation de Göttingen, et fut, pour cette raison, destitué et exilé. Mais cette mésaventure, d'ailleurs fort honorable pour lui, n'ébranla point ses principes. Comme il avait été le plus compromis, il dut attendre plus longtemps que les autres qu'on lui donnât une nouvelle chaire dans une université. En 1842 seulement, le gouvernement prussien l'appelle à Bonn. Dahlmann ne lui en est pas moins profondément dévoué. Il se sent une sympathie naturelle pour la Prusse. Il ne se flatte pas comme Gervinus de gagner cette puissance aux projets des libéraux qui rêvent l'unité allemande ; mais il croit à la mission de la Prusse. En toute occasion, et surtout dans les circonstances critiques, il veut que l'Allemagne se tourne vers elle et non pas vers l'Autriche. « Si la France menaçait notre pays du Rhin, dit-il, à qui vous adresseriez-vous, à la Prusse ou à l'Autriche ? Cherchez secours près de ceux qui sont forts ! » Au reste, il n'a pas grande envie de paraître sur la scène politique. Il trouve juste de laisser aux gouvernements le soin de diriger les affaires intérieures de l'Allemagne.

En revanche, dans la question du Slesvig-Holstein, Dahlmann prend hardiment l'initiative. Les Danois ont pu dire, sans trop d'invraisemblance, qu'il l'avait inventée. Il a déployé là une patience et une ingéniosité à toute épreuve. C'est un des épisodes les plus curieux de l'histoire de notre siècle. Il montre sur le vif les procédés de la science allemande mise au service des intérêts politiques de la nation. On sait que le roi de Danemark, souverain des duchés de Slesvig et de Holstein, faisait partie de la confédération germanique pour le Holstein seulement. Le Slesvig n'était pas compris dans le territoire de la confédération. Dahlmann, qui était né à Wismar, et qui passa dix-sept années de sa vie à Kiel comme professeur et publiciste, résolut de corriger cette anomalie. Il exprima le premier l'opinion que, le Slesvig et le Holstein étant unis, le Slesvig devait suivre la condition du Holstein et appartenir comme lui à l'Allemagne. Dahlmann mit à répandre cette idée un zèle infatigable. Elle avait été suggérée, il est vrai, au congrès de vienne, mais sans succès. De l'aveu même de M. de Treitschke, elle n'avait pas trouvé d'écho dans les duchés. « On n'y savait qu'une chose, dit-il, c'est que, depuis des siècles, on était uni au Danemark, et l'on pensait naïvement que les habitans du Holstein, ceux de Seeland, ceux de l'Islande, étaient tous également de fidèles Danois. » Dahlmann entreprit de persuader aux habitants des duchés qu'ils se trompaient et que leur loyalisme devait s'adresser non au roi de Danemark, mais à la patrie allemande. Il exploita habilement des difficultés qui s'élevèrent entre la noblesse du pays et le gouvernement danois. Il ne s'agissait pas de revendiquer des provinces arrachées à la mère-patrie par la violence des armes, et toutes frémissantes encore de leur nationalité perdue. La tâche était bien plus difficile : il fallait regermaniser un pays danois depuis des siècles, et qui ne se plaignait point de l'être. Dahlmann se servit avec une égale habileté du livre et du journal. L'histoire du SIesvig-Holstein devint sous sa plume la démonstration sans cesse répétée de sa thèse politique. Les habitants des duchés, par leur langue, leurs antiquités nationales, leur poésie, leurs mœurs et leur caractère, appartiennent évidemment à la race germanique : d'où cette conclusion, appuyée d'arguments juridiques, qu'en bon droit les duchés doivent tous deux appartenir à l'Allemagne. L'idée de Dahlmann fut d'abord accueillie assez froidement dans les duchés ; mais dans toute l'Allemagne elle eut un retentissement extraordinaire. Une question dangereuse était posée, une convoitise terrible était éveillée. L'orgueil national s'exaspérait à la pensée qu'un petit pays comme le Danemark détenait injustement une portion de terre allemande.

En 1848, l'espérance de Dahlmann parut près de se réaliser. La Prusse était entrée en campagne contre le Danemark et avait occupé les duchés de vive force. Mais elle ne voulut pas ou n'osa pas aller jusqu'au bout. L'état de l'Europe, et celui de l'Allemagne en particulier, étaient troublés et inquiétans, la Russie hostile. La Prusse signa l'armistice de Malmö, qui équivalait à une retraite complète. L'occasion était perdue : se retrouverait-elle jamais ? Dahlmann ne put assister de sang-froid à cet écroulement de son œuvre. M. Saint-René Taillandier a tracé ici-même le tableau de cette séance du parlement de Francfort où, bouillant de colère, la voix tremblante d'indignation, Dahlmann adjurait l'assemblée de ne pas ratifier l'armistice. « Messieurs, s'écrie-t-il, il n'y a pas trois mois encore, le 9 juin, dans cette même église Saint-Paul, il a été décidé que, dans les affaires du Slesvig, l'honneur de l'Allemagne

resterait sauf : entendez-vous ? l'honneur de l'Allemagne ! »
Entraînée par Dahlmann, dont elle partage la passion, l'assemblée
repousse l'armistice. Le ministère tombe sur cette question.
Dahlmann, chargé de former un nouveau cabinet, se heurte aux
plus graves difficultés, et le parlement perd dans cette aventure
le peu de considération qui lui restait. Dahlmann avait commis
une faute politique grossière. M. de Treitschke, qui est plein
d'indulgence pour cet ami de la Prusse, en convient tout le premier.
Le parlement disposait-il d'une armée pour venger l'honneur de
l'Allemagne, dont il se montrait si jaloux ? Pouvait-il imposer sa
volonté, et au Danemark, et à la Prusse, qui avait signé l'armistice ?
On ne fait pas la guerre, on ne prend pas les places fortes avec
des discours. Mieux valait dévorer l'affront que de se laisser aller à
cette explosion de sentiments, puisque l'action ne pouvait suivre.

Lorsque Dahlmann mourut, en 1860, il n'était pas consolé. La plaie
était restée ouverte. En 1850, il écrivait à Mme Gervinus : « Je vous
l'avoue franchement, je ne cesse d'y penser. Si, en septembre 1848,
on avait suivi mon conseil, si on avait résolument pris le parti que
les circonstances critiques exigeaient, les affaires de l'Allemagne, et
en particulier les affaires du Slesvig, seraient dans une meilleure
passe. » Et Gervinus lui-même écrivait à Jacob Grimm : « Je peux
à peine lire les articles de journaux qui ont rapport au Schleswig-
Holstein ; je les passe exprès, pour ne pas retomber toujours dans
l'irritation la plus vive. » L'orgueil allemand souffrait cruellement de
cette déconvenue, et entretenait l'espoir die revenir à l'a charge. Si
Dahlmann avait vécu quatre ans de plus, il aurait eu la joie de voir
une armée austro-prussienne arracher les duchés au Danemark.
Dans ses dernières années, il pressentait que de graves événements
étaient proches, que l'Europe allait traverser une crise ; et il se
désolait en pensant que l'Allemagne, toujours divisée, ne profiterait
sans doute pas des chances qui lui seraient offertes.

Malgré les fautes graves qu'il a commises, nous ne pouvons refuser
à Dahlmann un certain esprit politique et un sentiment assez
juste de la réalité, surtout si nous le comparons à la plupart de ses
collègues qui furent mêlés aux affaires de l'Allemagne. A plusieurs
reprises, il a su faire preuve de justesse d'esprit et de sang-froid.
En 1847, Gervinus le prie instamment de collaborer à sa *Gazette
allemande,* et d'y apporter l'autorité de son nom populaire et

respecté dans toute l'Allemagne. Mais Dahlmann craint de se compromettre avec ces libéraux, dont il n'approuve pas les idées politiques. Pourquoi risquer ainsi de perdre d'un seul coup l'estime du gouvernement prussien, à laquelle il tenait tant, et qu'il avait si patiemment conquise ? D'ailleurs, il ne croit pas beaucoup au succès de l'entreprise. Il sait bien que le meilleur journal du monde ne résoudra pas, à lui seul, les grosses questions de la politique allemande. Il refuse donc nettement sa collaboration, et ne veut paraître ni comme directeur, ni comme rédacteur : mais à l'occasion il donne son avis. On le consultait avec déférence ; il avait écrit une *Politique*, fort estimée de ses amis, et fouissait d'une grande autorité en la matière. Ainsi, le 12 mars 1848, au début même de la révolution, Gervinus lui demande un programme de réforme constitutionnelle. — « A Francfort, lui écrit Gervinus, dans les cours allemandes du Sud, et même parmi les députés des états, on est tout désorienté, et l'on ne sait comment mettre à exécution cette grande idée (la constitution d'une Allemagne unifiée), bien que l'on ait la meilleure volonté du monde. » A quoi Dahlmann répond avec un grand bon sens : « Il ne pouvait en être autrement ; il faudrait connaître les projets de la Prusse et les dispositions des autres grandes puissances allemandes. Si j'avais la force, ajoute-t-il, et si j'avais pu me mettre à la place de la Prusse, huit jours après la chute de Louis-Philippe, j'aurais pris en main les affaires allemandes, — à titre provisoire, bien entendu, — et je les aurais administrées en empereur, en accordant toutes les libertés constitutionnelles qui manquent encore en Prusse. L'Autriche ne peut plus désormais prétendre à la direction des affaires allemandes. »

Voilà enfin une vue nette, comme on en trouve trop peu dans cette correspondance. Dahlmann tenait là le langage d'un homme d'état. L'expérience amère de 1848 lui profita bien mieux qu'à Gervinus. Ce dernier, au moment de la guerre d'Italie, sent se réveiller ses anciennes passions. Il veut, encore une fois, fonder un journal, pour agir sur l'esprit public et sur les gouvernements en Allemagne. Dahlmann l'en dissuade fort sagement, et lui explique que le temps en est passé, a Les meilleurs conseils du monde, écrit-il, venant de quelqu'un qui n'a pas la force à sa disposition, ne peuvent plus nous être utiles ; il faut auparavant qu'un maître s'affirme, d'où qu'il vienne. » Lorsque les plus sages esprits en sont là, le maître qu'ils attendent n'est jamais long à venir. Moins de dix ans après que Dahlmann eut écrit ces mots, la Prusse Victorieuse dominait en Allemagne.

Section IV

Ainsi Dahlmann constate, non sans mélancolie, mais avec résignation, l'impuissance des efforts qui ont rempli sa vie et celle de Gervinus. Ils se flattaient d'aider à la transformation de l'Allemagne et de la conduire sans grande secousse à la liberté et à l'unité ; ils se sont heurtés à des obstacles insurmontables. La désillusion de 1848 a été complète. Elle leur a laissé un découragement profond. Ils ne désespèrent pas des destinées de l'Allemagne ; mais ils ne croient plus au pouvoir des idées ni au progrès politique obtenu par la seule persuasion. L'avenir leur paraît très noir. Gervinus, par dépit, se jette du côté de la démocratie. Dahlmann, toujours conservateur, s'incline par avance devant celui qui saura, par la force, faire l'unité de l'Allemagne, fût-ce au prix de la liberté. Les causes de leur échec étaient nombreuses. Nous en avons signalé plus d'un chemin faisant. Les unes tiennent aux idées, aux tendances, aux habitudes d'esprit de ces savants, dépaysés dans la vie politique. D'autres, plus générales, rendaient impossible le succès de l'entreprise, quelle qu'eût été l'habileté de ceux qui la tentaient.

Mais au contraire ils sont, pour la plupart, d'une inexpérience, on dirait presque d'une naïveté politique parfaite. On pourrait leur appliquer le mot que Gervinus écrivait très sérieusement à Dahlmann : « Vous êtes incommensurable ! » Ils sont fort en peine de réaliser l'unité de l'Allemagne ; ils le seraient encore davantage de lui procurer la liberté. Ne pouvant obtenir séparément ni l'une ni l'autre, ils s'imaginent qu'ils obtiendront l'une par l'autre. Aussi, au premier choc de la réalité, leurs illusions s'effondrent. En 1848, à la faveur des événements de février, un parlement se réunit à Francfort. Cette assemblée, si, longtemps attendue, prétend représenter la nation allemande. Elle se dit constituante, et elle commence en effet à élaborer une constitution. Elle n'a oublié qu'un point : qui imposera cette constitution aux différents états de l'Allemagne ? Qui en assurera le respect ? Comparez les débuts du parlement de Francfort à ceux des états-généraux de 1789. Dès que l'assemblée de Versailles a pris conscience d'elle-même, dès qu'elle a conçu son œuvre, comme elle va droit au but et force le roi lui-même à reconnaître le pouvoir qu'elle veut exercer ! Imagine-t-on la constituante délibérant en l'air et légiférant à vide, sans savoir si ses lois ne resteront pas lettre morte ? C'est que, en 1789, l'unité française était depuis longtemps accomplie. En 1848, l'unité allemande n'était qu'une espérance. Les hommes politiques qui provoquèrent la réunion du parlement faisaient précisément de l'unité le but suprême de leurs efforts. Mais, en commençant par le travail législatif, ils s'y prenaient à rebours. Ils espéraient apparemment que la constitution, une fois votée, aurait par elle-même la vertu de se faire accepter et observer, et que l'esprit particulariste disparaîtrait devant elle. L'illusion était naïve. Il existe bien aujourd'hui un empire d'Allemagne ; mais cet empire, comme chacun sait, ne doit pas sa naissance à des travaux parlementaires.

A vrai dire, si l'œuvre était au-dessus du talent de ses promoteurs, elle était plus encore au-dessus de leurs forces. Elle n'impliquait rien moins qu'une révolution. Sans doute, ils faisaient profession de respecter tous les droits historiques : mais si les représentants de ces droits s'opposaient opiniâtrement à l'unité de l'Allemagne, — et cette résistance était inévitable, — comment en viendraient-ils à bout ? — Ces législateurs étaient sans force. Ils ne pouvaient, comme la Convention, se transformer en pouvoir exécutif. Il aurait fallu, soit provoquer un grand mouvement populaire, soit demander à la Prusse ou à l'Autriche un appui qui devait coûter cher. En 1789, la plus grande partie du peuple français était de cœur avec l'assemblée qui pouvait à bon droit se nommer nationale. Cette assemblée n'aurait pu, si elle l'eût voulu, se dérober à sa mission. La nation se tenait derrière elle, pour l'encourager et pour la pousser au besoin. Mais en 1848, en Allemagne, si l'on excepte les classes instruites et la population de quelques grandes villes, la masse du peuple restait assez indifférente aux travaux de l'assemblée de Francfort. Elle les suivait avec curiosité, mais non avec la sympathie, avec l'enthousiasme, qui auraient éclaté, si les espérances les plus chères au peuple allemand avaient pu vraiment se réaliser dans l'église Saint-Paul. Elle semblait comprendre, avec un sens profond, que ce n'était pas l'histoire vraie qui s'accomplissait là, mais une parodie de l'histoire, jouée par des acteurs de bonne foi.

Comme ces acteurs avaient été, pendant longtemps, les seuls à parler en Allemagne, ils s'étaient imaginé parler au nom de toute l'Allemagne. Ils n'exprimaient, en effet, que les sentiments d'une minorité, je veux dire ceux de la classe moyenne et de la bourgeoisie éclairée ; Us avaient cru vraiment donner une voix aux regrets et aux désirs de la nation entière. Pour ne prendre qu'un exemple, tous subissaient, à des degrés divers, l'attraction de la liberté parlementaire, alors florissante en d'autres pays. Beaucoup la réclamaient avec plus de passion encore que l'unité, et le parlement de Francfort avait surtout pour mission, dans leur pensée, d'assurer cette liberté à l'Allemagne. Mais le peuple allemand, dans ses masses profondes, était loin de ressentir aussi vivement ce désir. Dans l'Allemagne du Sud, les institutions parlementaires, établies depuis longtemps, végétaient à grand'peine. Dans l'Allemagne du Nord, le servage n'était aboli que depuis le commencement du siècle. La population des campagnes, qui formait la très grande majorité de la nation, n'éprouvait pas le besoin d'une liberté politique dont elle n'avait pas l'idée. Les grandes réformes de Stein en Prusse, habilement poursuivies par Hardenberg, avaient correspondu, toutes proportions gardées, à l'œuvre de la Constituante en France. Le gros de la nation restait ainsi étranger aux questions purement politiques. En un mot, l'assemblée de Francfort avait les gouvernements contre elle, sans avoir le peuple derrière elle. Dès lors, l'issue n'était plus douteuse. Le parlement se montra impolitique et maladroit ; mais toute l'habileté du monde n'eût pas remédié à sa position fausse, et sa faiblesse devait éclater, tôt ou tard, à tous les yeux.

L'insuccès n'était donc que trop certain. Mais, on le voit, la responsabilité n'en retombe pas tout entière sur les Dahlmann et les Gervinus. Sans doute, avec les intentions les plus pures, ils ont nui aux causes qu'ils prétendaient servir. Leur échec complet a détruit, tout d'un coup, la popularité de leurs idées. Ils avaient démontré, sans le vouloir, que l'unité de l'Allemagne ne s'accomplirait pas pacifiquement : les plus clairvoyants parmi eux, après cette expérience, appelaient un vainqueur et se soumettaient à lui par avance. On peut leur reprocher aussi leur présomption, leur inexpérience politique, et, en général, leur médiocrité. Mais tout cela ne suffit pas. Il faut remonter plus haut, à des causes plus générales, auxquelles de plus grands politiques que Dahlmann ou Gervinus n'auraient rien pu changer. L'Allemagne, telle que son évolution historique l'avait façonnée, ne comportait point d'unité politique. Deux puissances rivales s'étaient formées, trop allemandes pour que l'Allemagne pût exister sans elles, trop peu allemandes pour que l'Allemagne pût se confondre avec elles. L'Autriche avait maintes fois sacrifié les intérêts allemands à ses convenances particulières, même au temps où elle portait la couronne impériale : elle avait refusé cette couronne en 1815 et repoussé franchement des obligations qu'elle ne se souciait pas de remplir. Quant à la Prusse, elle était encore, au commencement du siècle, un objet de terreur et de naine pour beaucoup d'Allemands. Lors de l'arrivée des alliés dans la province du Rhin, en 1814, il avait fallu rassurer la population épouvantée à l'approche des Prussiens. Görres avait dû lui expliquer, dans le *Mercure du Rhin*, qu'ils ne sont plus les Prussiens d'autrefois ; que ce sont des amis, des libérateurs, des Allemands. Même en 1848, la haine de la Prusse, selon M. de Treitschke, dominait la majorité de l'assemblée à Francfort En un mot, la Prusse et l'Autriche étaient des puissances hybrides, à double face. À l'égard de l'étranger, le Prussien ou l'Autrichien était l'Allemand, à l'égard de l'Allemand, c'était presque l'étranger. Le reste de l'Allemagne pouvait-il s'unir en excluant à la fois la Prusse et l'Autriche ? C'eût été revenir à la confédération du Rhin, souvenir abhorré de tous les patriotes. D'ailleurs, la Prusse et l'Autriche ne l'auraient pas permis, et les intéressés n'y auraient pas consenti. Saxe, Bavière, Wurtemberg, Bade, Hanovre, tous tenaient d'autant plus à leur autonomie qu'elle était plus précaire.

Si Gervinus, Dahlmann et leurs amis avaient vu nettement les nécessités de la situation politique, ils se seraient épargné bien des mécomptes. Deux partis s'offraient à eux, mais il fallait choisir. Ils pouvaient renoncer provisoirement à l'unité, puisqu'elle soulevait tant de difficultés et de dangers, et mettre tous leurs efforts à la préparer pour l'avenir. Ou bien, si le désir de l'unité était trop violent, ils devaient en prévoir et en accepter toutes les conséquences : la guerre et la domination du vainqueur. Mais aucune des deux alternatives ne leur semblait acceptable. Ils auraient voulu que l'Allemagne, parvenant enfin à l'unité, ne devint ni autrichienne ni prussienne, et restât simplement allemande. De là leur tentative de Francfort, déplorable par ses résultats, généreuse, après tout, dans son principe. C'était un effort pour résoudre la plus complexe des questions, avant que la force vînt brutalement la trancher. Et, pourtant, le parlement de Francfort rendait par avance hommage à la force. Si divisé et si impuissant qu'il fût, il se retrouvait unanime pour rêver de revendications et de guerres : il jetait des regards de convoitise au-delà de toutes les frontières, sur le Slesvig-Holstein, sur la Pologne, sur le Luxembourg, sur l'Alsace-Lorraine. Ce symptôme était significatif. L'unité de l'Allemagne devait s'accomplir au profit d'un vainqueur qui saurait contenter son orgueil et satisfaire ses ambitions.

ISBN : 978-1721606719